NOTICE

DES

TABLEAUX

DES ÉCOLES FLAMANDE ET HOLLANDAISE,

EXPOSÉS RUE ST.-HONORÉ,

Hôtel de Virginie, N.° 350, près la place Vendôme.

A PARIS,

A L'ADRESSE CI-DESSUS,

Et chez DEBRAY, rue St.-Honoré, vis-à-vis celle du Coq.

JANVIER 1806.

PRIX de la *Notice*, servant de *Billet d'entrée*, 1 fr. 50 c.

La *Notice* séparément, 1 fr.

Les Personnes qui se présenteront déjà munies d'une Notice, payeront 75 c.

En rédigeant cette Notice, on s'est attaché, avec la plus scrupuleuse attention, à écrire les noms des Peintres tels qu'ils se trouvent au bas de leurs Tableaux ou dans les Ouvrages publiés par leurs compatriotes.

On a cherché avec plus de soin encore, à ne pas tromper le public et à ne pas s'abuser soi-même, en suivant l'usage, malheureusement trop pratiqué, d'attribuer à un Maître illustre, un Tableau sorti du pinceau d'un Artiste moins connu, et dont les productions seraient d'un moindre prix. Celui inscrit sous le N.° 32, *portait le nom de* Rembrandt; *on s'est aperçu que ce nom était surpeint, et l'on a découvert celui de* N. Maas, *à qui l'honneur d'avoir fait ce Tableau appartient.*

Lorsqu'on a eu des doutes, on les a exposés avec la même franchise. Tel morceau, quoique bien exécuté, n'ajouterait rien à la réputation d'un Peintre déjà célèbre, tandis qu'il pourrait commencer celle d'un autre dont les Ouvrages ne sont pas encore appréciés. — L'empire de la mode s'étend malheureusement jusque dans les Arts, et beaucoup de Tableaux ne sont jugés que d'après les noms dont ils sont décorés, ou la célébrité des Collections dont ils font partie.

L'Ouvrage de Paul Potter, *le plus*

généralement remarqué aujourd'hui, celui connu sous la désignation du Taureau, *long-tems ignoré dans le Cabinet d'un Particulier de Harlem* (M. Fabricius), *ne fut payé à la Vente de ce Cabinet (en 1749), que 630 florins, environ 1300 fr., tandis que le Tableau* de Rubens *et* Breughel, *représentant* Adam et Eve dans le Paradis terrestre, *Tableau digne des plus grands éloges sans doute, mais où les Figures sont hors de proportion avec les accessoires, fut, quelques années après, poussé à la somme de 15000 fr. parce qu'il ornait un Cabinet renommé, celui de M.* de La Court Van den Voort, *à Leyde. A peine connaissait-on, il y a dix ans, le nom de* Victors, *et déjà les Productions de ce Maître ont une valeur considérable.... Combien d'Amateurs ont acheté, sous le nom* de Ruisdaal, Rembrandt, d'Adrien Van de Velden, de Paul Potter, *des Compositions d'un mérite réel, mais qui appartiennent en effet à* Everdingen, de Vries, F.[d] Bol, N. Maas, Klomp, Van Bergen, le Duc, Zaft Leven, *et autres! Ils possédent de bons Tableaux, mais ils n'ont pas ce qu'ils croyent avoir.*

C'est aux Artistes jaloux de la conservation de leur gloire et de l'héritage de leurs enfans, à s'élever contre un charlatanisme qui peut aussi les atteindre, et leur faire éprouver le sort de leurs devanciers dans la carrière brillante qu'ils parcourent.

On n'a pas la ridicule prétention de donner comme Tableaux de première classe ou de premier choix, tous ceux qui font partie de cette Collection. Les personnes qui prendront la peine de la visiter, sont priées de ne pas perdre de vue, qu'elle a été rassemblée par un Particulier qui se trouvera suffisamment récompensé du soin qu'il a mis à la former, si la part de l'éloge *balance les critiques que quelques Tableaux peuvent mériter. Il lui eût fallu des millions pour atteindre, dans une seule de leurs parties, les magnifiques Collections rassemblées par les soins du Gouvernement; — il demande donc grâce pour la comparaison.*

Les Personnes qui auront des demandes ou des observations à faire, sont priées de les adresser par écrit à M. FONGASSE, *Hôtel de Virginie, rue St-Honoré,* N.° 350, pour être remises au Propriétaire du Cabinet.

NOTICE

DE TABLEAUX

DES ECOLES FLAMANDE ET HOLLANDAISE.

ASCH (Pierre - Jean Van), *né à Delft en 1603.*

N.° 1. Un Paysage. — Vue d'un Moulin et d'un Village hollandais.

Les Figures sont de *Pierre de Hoog.*

Ce Tableau est peint sur toile.

Hauteur 2 p. 7 p. 8 l.

Largeur 2 p. 4 p. 6 l.

BALEN (Henri Van), *élève de Adam Van Oort, né à Anvers vers 1560, mort en 1638.*

2. Un Tableau connu sous la dénomination de *Fête de Cérès.*

Le Paysage est de *Breughel de Velours.*

Ce Tableau, cité avec éloge par *Houbraken*, *Weyerman &c.*, a passé successivement dans les premiers Cabinets de la Hollande, entr'autres dans ceux de MM. d'*Orvielle*, vendu en 1705; *Schuylemburg*, en 1735; *Dacosta*, en 1764.

Hauteur 21 pouces.

Largeur 3 p. 1 p.

Le paneau sur lequel il est peint, est d'une seule pièce.

BERCHEM (Nicolas), *né à Harlem en 1624, mort en 1683; élève de Van Goyen et de Jean-Baptiste Weenix.*

3. Attaque d'un Convoi, par un parti de cavalerie. — Sur le second plan, une Montagne où sont postés des Tirailleurs. Dans le fond du Tableau, on aperçoit deux Armées aux prises.

Ce Tableau, peint sur toile, provient originairement du Cabinet de

M. *Van Swieten*, à la Vente du quel il fut placé (à La Haye, en 1731) sous le N.° 156, avec une mention particulière, et l'observation : *qu'on n'en connaissait pas d'autre de ce genre, peint par Berchem*; aussi fut-il vendu beaucoup plus cher que les autres Tableaux du même Maître. (Il y en avait douze dans ce seul Cabinet.)

Hauteur 2 p. 11 p.

Largeur 3 p. 3 p. 6 l.

BEERESTRATEN (A. Van).

4. Un Hiver. — On y remarque un grand nombre de Patineurs sur la glace, près d'une espèce de Château fort.

Ce Tableau est peint sur bois.

Hauteur 15 pouces.

Largeur 18 p. 6 l.

BERKHEYDEN (Gérard), *né à Harlem, mort en 1696.*

5. Vue de la Maison dite *du Prince Maurice*, et du Vivier, à La Haye.

Ce Tableau, peint sur bois, est porté, sous le N.° 21, au Catalogue du Cabinet du Bourguemestre *P. Caauw*, vendu à Leyde, en 1768.

Hauteur 12 pouces.

Largeur 15 pouces.

BLOEMAERT (Abraham), *né à Gorkum en 1567, mort à Utrecht en 1647.*

6. Une Tête de vieille Femme.

Ce Tableau, peint sur bois, porte la date de 1634.

Hauteur 13 p. 9 l.

Largeur 11 p.

BOL (Ferdinand), *né à Dort, vers 1620, mort en 1681; élève de Rembrandt.*

7. Portrait d'une jeune Femme vêtue de noir. — Elle tient un Eventail de la main droite.

Ce Tableau, peint sur toile, et cintré dans sa partie supérieure, ne porte point de signature. Quel que soit son mérite, on n'a pas osé l'attribuer à *Rembrandt*. On laisse aux Connaisseurs, à décider s'il est du Maître ou de l'Elève.

Hauteur 2 p. 9 p.

Largeur 2 p. 4 p.

BOTH (André), *né à Utrecht, mort en 1650; élève d'Ab. Bloemaert.*

8. Des Paysans qui jouent aux cartes.

Ce Tableau, peint sur bois, et cité par *Descamps*, provient du Cabinet de M. *Bisschop*.

Hauteur 25 pouces.

Largeur 13 pouces.

BOUDEWINS (Ant. - François), *né à Bruxelles vers 1660; élève de Van der Meulen.*

9 *et* 10. Deux Paysages faisant Pendant. Les Figures de ces deux Tableaux, sont de *Pierre Bout*.

Hauteur 10 p. 9 l.

Largeur 1 p. 3 p. 9 l.

BRAKENBURG (Regnier), *élève de Mommers, né en 1649, mort en 17....*

11. Une Assemblée joyeuse.

Ce Tableau, peint sur bois, porte la date de 1709.

Hauteur 10 pouces.

Largeur 8 pouces.

BREKELENKAMP (Quyrin Van).

12. L'Intérieur d'une Chambre. — Un Banquier assis, lit une Lettre dont sa Femme écoute la lecture, ayant les Mains appuyées sur des Registres placés sur une Table.

Ce Tableau, peint sur toile, porte la date de 1660.

Hauteur 2 p. 6 p.

Largeur 2 p. 1 p.

BREUGHEL (Jean), dit de Velours. *Voy.* Van BALEN.

DIETRICH (Christian-Ernest), *élève d'Alexandre Van Thiele, né à Weimar en 1712, mort en 1773.*

13. Les Saintes Femmes pleurant sur le Corps de Jésus-Christ.

Ce Tableau, peint sur toile, provient d'un des plus beaux Cabinets de la Hollande. Il porte la date de 1734.

Hauteur 2 pieds.

Largeur 2 p. 6 p.

DOV (Gérard), *né à Leyde en 1613, mort en 1680, élève de Rembrandt.*

14. La Mère de Gérard Dov.

Ce Portrait est du premier tems de Dov.

Hauteur 4 pouces.

Largeur 3 p. 9 l.

15. La jeune Ménagère. — Tandis que sa petite Sœur berce l'Enfant, elle s'occupe à travailler.

Dessin du Tableau de Dov, faisant partie de la Collection du *Musée Napoléon*, et porté au Catalogue sous le N.° 235. On sait que l'Artiste y a peint sa Famille.

Les Dessins de *G. Dov* sont extrêmement rares. Peut-être même celui indiqué ici, est-il le plus capital qu'il ait jamais fait. Il est du moins naturel de penser, qu'il s'était attaché, avec une complaisance particulière, à retracer les traits de sa Femme et de ses Enfans.

Hauteur 2 pieds.

Largeur 1 pied 6 pouces.

Les dimensions du Tableau sont à peu près les mêmes.

DUYNEN (Jean Van).

16. Du Poisson d'eau douce, mort et vivant.

Ce Tableau est peint sur toile.

Hauteur 2 p 3 p. 9 l.

Largeur 3 p.

Aucun Auteur n'a parlé de ce Maître, connu en Hollande par de bons Tableaux du même genre que celui-ci.

GLAUBER (Jean), *né à Utrecht en 1746, mort à Amsterdam en 1726; élève de Berchem.*

17 et 18. Deux Paysages de la plus riche ordonnance. Les Figures sont de *Gérard de Lairesse.*

Ces deux Tableaux furent portés sous les Numéros 28 et 29, à la Vente du Cabinet de M. *Isaac Walrave*, faite à Amsterdam, en 1765.

Hauteur 9 pouces.

Largeur 12 pouces.

GOYEN (Jean Van), *né à Leyde en 1596, mort à La Haye en 1656; élève de Willem Gerritz.*

19. Vue du Lac et de la Ville de Harlem. — On y remarque plusieurs Bateaux de Pêcheurs et autres.

Ce Tableau est peint sur bois.

Hauteur 1 p. 3 p.

Largeur 1 p. 10 p.

20. Vue d'une immense Plaine en partie couverte de Bruyères, et au milieu de laquelle on remarque un Lac.

Tableau sur bois, portant la date de 1634.

Hauteur 1 p. 1 p.

Largeur 1 p. 6 p.

HEEM (Jean-David de), *né à Utrecht en 1600, mort à Anvers en 1674; élève de son père, David de Heem.*

21. Un Citron, une Orange, des Raisins, et autres Fruits.

Ce Tableau est peint sur toile.

Hauteur 1 p. 3 p.

Largeur 1 p. 5 p. 6 l.

HEYDEN (Jean Van der), *né à Gorkum en 1637, mort à Amsterdam en 1712.*

22. Un Paysage. — Sur la droite, un Village; sur la gauche, des

Ruines et une Porte de ville, construite en briques.

Les Figures sont d'*Adrien Van de Velden.*

Ce Tableau, peint sur bois, est porté au N.° 36 du Catalogue de la précieuse Collection de *M. A. Sidervelt*, vendue à Amsterdam en 1766.

Hauteur 1 p. 3 p.

Largeur 1 p. 8 p.

HOOG (Pierre de), *élève de Berchem.* — Voy. *P. Van Asch.*

HUGTENBURG (Jean Van), *né à Harlem en 1646, mort à Amsterdam en 1733; élève de Van der Meulen.*

23. Un Choc de Cavalerie. — Le fond est un Paysage.

24. Paysage et vue de Ville. — Sur le devant, le Prince Eugène accompagné de plusieurs Cavaliers.

Ces deux Tableaux sont peints sur toile.

Hauteur 14 p. 6. l.

Largeur 17 p. 9. l.

JARDIN (Karel du), *né à Amsterdam vers 1640, mort à Venise en 1678, élève de Berchem.*

25. Un Paysage. — Sur le premier plan, à gauche, des Bœufs, Moutons, Chèvres et Mulets; sur le devant, un Pâtre, assis près d'une Bergère, boit dans une Jatte; sur le dernier plan, à droite, des Montagnes.

Ce Tableau, peint sur toile, porte la date de 1671.

Hauteur 2 p. 5 p.

Largeur 3 p. 1 p.

KAPELLE (Jean Van).

26. Une Marine. — Des Pêcheurs débarquent du Poisson.

Ce Tableau est peint sur bois.

Hauteur 12 p. 9 l.

Largeur 15 p. 9 l.

KUYP (Albert), *né à Dort en 1606 ou 1609, élève de Jacques Gerritz Küyp, son père.*

27. Un Cavalier sur un Cheval blanc tigré, causant avec un Homme à pied, tandis qu'un Palfrenier apprête un autre Cheval.

Ce Tableau est peint sur bois.

Hauteur 9 p. 9 l.

Largeur 11 p. 2. l.

KLOMP (Albert), *né à*

28. Un Paysage. — A gauche, une Prairie couverte de Vaches; à droite, plusieurs Personnes qui se promènent. Les Figures de ce Tableau sont attribuées à *Adrien Van de Velden.*

Hauteur 15 p. 6 l.

Largeur 13 p. 4 l.

LAIRESSE (Gérard de), *né à Liége en 1640, mort à Ams-*

terdam en 1711 ; élève de son père et de Bertholet Flemael. (*Voyez* GLAUBER).

LELIENBERG (Jean Van).

29. Une Perdrix et autres Oiseaux morts posés sur une Table.

Peint sur bois.

Les Tableaux de ce Maître sont rares et recherchés en Hollande.

Hauteur 12 p. 8 l.

Largeur 15 p. 6. l.

LINGELBACH (Jean), *né à Francfort en 1625, mort à Amsterdam en 1687.*

30. Des Faucheurs occupés à charger une Charrette de Foin, etc.

Ce Tableau est peint sur toile.

Hauteur 15 p.

Largeur 21 p.

LOO (Jacques Van).

31. Un Intérieur de chambre. — Sur

le devant, un jeune Ecolier lisant avec beaucoup d'attention.

Ce Tableau est peint sur bois.

Hauteur 18 p.

Largeur 14 p. 6 l.

MAAS (Nicolas), *élève de Rembrandt, né à Dort en 1632, mort en 1693.*

32. Une Femme très-âgée, endormie devant une Bible ouverte.

Ce Tableau est peint sur toile.

Hauteur 2 p. 4 p. 6 l.

Largeur 2 p.

MATSYS (Quintin), dit le Maréchal d'Anvers, *né dans cette ville en 1450, mort en 1529.*

33. Un Joaillier pesant des Médailles; sa femme assise à côté de lui, tourne le Feuillet d'un Manuscrit sur lequel on aperçoit une Miniature représentant la Vierge et l'enfant Jésus.

Ce Tableau, parfaitement conservé, et peint sur bois, porte la date de 1514.

Hauteur 2 *p.* 5 *p.* 8 *l.*

Largeur 2 *p.* 10 *l.*

M. Le Brun, dans la table qui fait suite à son excellent Ouvrage sur les Peintres flamands et hollandais, a désigné ce Peintre sous le nom de *Mathsys* et de *Messis*, et en a parlé comme si c'était deux Artistes différens. Ces doubles emplois, assez fréquens dans cette Table, résultent de l'habitude depuis long-tems consacrée en France, de dénaturer les noms étrangers. Chacun les écrivant à sa manière, il n'est pas étonnant qu'on finisse par tomber dans la confusion; —— il l'est bien plutôt, que M. Le Brun l'ait aussi souvent évité. Au reste, il témoigne avec trop de modestie sa crainte qu'il lui soit échappé quelques erreurs, et trop de sincérité son désir de les rectifier, pour ne pas excuser la liberté que l'on a prise d'indiquer, à la suite de cette Notice, les doubles désignations les plus essentielles, remarquées dans la Table citée. On ne l'eût pas entrepris si son Ouvrage n'était pas le guide le plus sûr et le meilleur que les Artistes et les Amateurs puissent consulter.

MEER (Van der), le jeune, *élève d'Adrien Van de Velden.*

34. Un Paysage. — Sur le devant, des Moutons couchés ; sur l'arrière plan, une Bergère et des Moutons éclairés par les derniers rayons du soleil.

Ce Tableau, sur toile, porte la date de 1678.

Hauteur 1 p. 11 p. 6 l.

Largeur 2 p. 6 p. 4. l.

Lorsque les Tableaux de ce Maître ne portent pas de signature, il est assez difficile de les distinguer d'avec ceux de *Van der Does.*

METZU (Gabriel), *né à Leyde en 1615, mort à Amsterdam en 1658.*

35. Un Paysan passe amoureusement le bras autour du col d'une Cuisinière, pendant que celle-ci prépare du Poisson.

Ce Tableau est peint sur bois.

Hauteur 3 p. 5 p.

Largeur 2 p. 11 p.

Metzu n'est guères connu que par ses petits Tableaux. M. Le Brun est peut-être le premier qui ait fait mention de Portraits en grand, peints par cet Artiste. On en a vu, en effet, quelques-uns en Hollande. On ignore s'il existe de lui d'autres Compositions de plusieurs Figures, que celle ci-dessus citée. Une grande et froide allégorie de la Justice, placée dans une Collection publique, en Hollande, porte, à la vérité, son nom ; mais on paraît croire assez généralement, que cette Production lui est étrangère, et quelques personnes l'attribuent à *Torenvliet*.

MOLENAER (Nicolas), ou Klaas.

36. Un Hiver. — Vue d'un Village où des Paysans sont occupés à différens travaux, tandis que d'autres patinent sur la glace.

Tableau sur bois.

Hauteur 1 p. 6 p. 6 l.

Largeur 2 p.

MOLENAER (Jean Miense).

37 et 38. } Des Paysans fumant et buvant.

Deux Tableaux sur bois, faisant pendant.

Hauteur 8 p. 9 p.

Largeur 11 p.

MOOR (le Chevalier Carle de), *né à Leyde en 1656, mort en 1738, élève de Van der Tempel et de F. Mieris.*

39. Un jeune Homme vêtu à l'espagnole, joue de la Guitare auprès d'une Dame assise dans un Bosquet éclairé par les rayons de la lune.

Peint sur bois.

Hauteur 7 p. 9 l.

Largeur 19 p. 3 l.

MOUCHERON (Frédéric), *né à Embden en 1633, mort à Amsterdam en 1686, élève de J. Asselyn.*

40. Un Paysage d'une riche ordon-

nance. Bel effet de soleil; Chûtes d'eau.

Hauteur 1 p. 11 p. 6 l.
Largeur 2 p. 4 p. 6 l.

41. Un riche Paysage. — Départ pour la chasse au Faucon. — Les Figures sont, ou de *Philippe Wouvermans*, ou du meilleur tems de *Lingelback*.

Hauteur 2 p. 8 p.
Largeur 3 p. 6 p.

Ces deux Paysages sont peints sur toile.

OLIS (Jean).

42. Un Intérieur de cuisine, où l'on apperçoit sur une Table des Légumes, du Gibier, et divers Ustensiles en cuivre et en bois.

Ce Tableau, de forme ovale, est peint sur bois.

Hauteur 10 p. 6 l.
Largeur 12 p.

Aucun Auteur n'a fait mention de ce Peintre, qui a égalé et quelquefois même surpassé *Guillaume Kalf*, dans le genre qu'il avait embrassé. Il réussissait médiocrement à peindre la figure.

OS (Jean Van), *Peintre vivant, à La Haye.*

43. Des Fleurs, des Harengs, du Pain et des Fruits.

Hauteur 17 p.

Largeur 13 p. 6 l.

44. Un Lièvre, un Faisan, un Lapin mort, des Fleurs, etc. Le fond est un Paysage.

Hauteur 1 p. 8 p.

Largeur 2 p. 2 p.

45. Un Paysage. — A droite, une Chaumière; à gauche, une Prairie et des Bestiaux; au centre, un Lac et plusieurs Bateaux à la voile.

Hauteur 1 p. 7 p.

Largeur 1 p. 11 p.

Ces trois Tableaux sont peints sur toile.

OSTADE (Adrien), *né à Lubeck en 1610, mort en 1685, élève de Franc Hals.*

46 et 47. } Deux Têtes d'homme.

Hauteur 3 p. 6 l.

Largeur 3 p.

OSTADE (Isaac), *né en 1612, élève de Franc Hals et de son frère.*

48. Un Paysage. — Des Paysans placés à la porte d'une Chaumière, tuent un Cochon. Des curieux forment groupe autour d'eux.

Hauteur 1 p. 6 p.

Largeur 2 p.

Ce Tableau est peint sur bois.

PETIT (le).

49 et 50. } Le Buveur et le Fumeur.

Ces deux Tableaux, de forme ovale, sont peints sur bois.

Il a existé un *le Petit*, Peintre de Paysages, et qui passe pour avoir été un des Maîtres de *Paul Potter* : on ignore si c'est le même. Les deux Tableaux dont on vient de faire mention, sont assez dans la manière de *Brauwer*; leur Auteur pourrait avoir été son élève.

POEL (Egbert Van der).

51. Eruption du Magasin à poudre de Delft. — Tableau sur bois, portant la date de 1654.

Hauteur 12 p.

Largeur 15 p.

52. Un Feu d'artifice à l'entrée d'un Pont. — Ce Tableau, orné d'un grand nombre de Figures, et peint sur bois, porte la date de 1654.

Hauteur 2 p.

Largeur 1 p. 7 p. 6 l.

Cet Artiste a beaucoup travaillé, mais ses Productions d'un vrai mérite, sont rares. Très-déréglé dans sa conduite, il portait au Cabaret le produit journalier de Tableaux qu'il composait et terminait dans une matinée, ne revenant à ceux sur lesquels il fondait sa gloire, que dans les intervalles très-courts où il n'était pas emporté par la fougue de ses passions.

Un grand nombre de ses Compositions représentent des Incendies, où le rouge et le noir sont souvent prodigués sans ménagement. Il s'est aussi répété fréquemment dans ses Compositions. Peut-être a-t-il représenté vingt fois, avec de légères différences, l'éruption du Magasin à poudre de Delft, arrivée en 1654. Celle dont la vue est offerte sous le N.° 51, est la plus réduite et la mieux finie que l'on connaisse.

Van der Poel est mort à Delft, où il a presque toujours fait sa résidence.

POTTER (Paul), *élève de son père, de Kampkuysen et autres Maîtres, né à Enkuisen en 1625, mort en 1654.*

53. Un énorme Chien à l'attache, ayant renversé un Panier rem-

pli de Pieds et d'Intestins de Veau, montre les dents à deux autres Chiens qui voudraient partager sa proie.

Ce Tableau capital vient de la Frise. Il est peint sur toile, et porte la date de 1653.

Hauteur 3 p. 8 p.

Largeur 5 p. 6 p.

Les personnes qni se donneront la peine d'étudier, dans leur série chronologique, les Tableaux de *Paul Potter*, exposés au Musée Napoléon, remarqueront dans les premiers quelques sécheresses de touche qui n'existent plus dans ses derniers Ouvrages.

Le grand et magnifique Tableau inscrit sous le N.° 446, et portant la date de 1647, n'est pas entièrement exempt de ce défaut, même dans les parties principales auxquelles on n'a heureusement pas eu besoin de toucher, lorsqu'il passa d'un Grenier dans la Collection du Prince d'Orange. On ne peut reprocher cette légère tache, rachetée d'ailleurs par des beautés d'un ordre supérieur, à celui décrit ci-dessus. *Paul Potter* l'a exécuté dans le tems de sa plus grande force (en 1653), pendant l'avant dernière année de sa trop courte existence — On sait que cet illustre Artiste est mort à 29 ans.

REMBRANDT, VAN RYN (Paul), *né près de Leyde en 1616, mort à Amsterdam en 1674, élève de Lastman et autres Maîtres.*

54. Rembrandt peint par lui-même, en 1650.

Tab'eau sur toile.

Hauteur 2 p. 6 p.

Largeur 1 p. 8 p.

Ce Tableau vient de la famille de Rembrandt, où il a été conservé avec le plus grand soin pendant plus d'un siècle. Il était, en dernier lieu, dans un Cabinet de la province d'Utrecht.

ROY (de), *peintre vivant, à Bruxelles.*

55. Un Paysage. — Sur le devant, une Prairie couverte de Bestiaux.

Ce Tableau est peint sur panneau d'acajou.

Hauteur 2 p. 4 p.

Largeur 2 p. 6 p.

RUBENS (Pierre-Paul), *né à Cologne en 1577, mort à Anvers en 1640, élève d'Otto Venius.*

56. Le Départ de Mars pour la guerre.

Esquisse terminée du grand Tableau qui faisait partie de la Galerie de Florence, et a été transporté en France, lors de la conquête de l'Italie.

Hauteur 4 p. 7 p. 6 l.

Largeur 7 p. 3 p. 8 l.

On sait que *Rubens*, après avoir jeté rapidement sur la toile ses grandes conceptions, les donnait pour modèles à ses Elèves, dont il finissait ensuite les ébauches. Ces sortes d'Esquisses terminées, peuvent donc être regardées comme des Productions *vierges* de ce grand Peintre. On remarque encore dans celle-ci plusieurs corrections, où ce que les Artistes appellent ingénieusement *des repentirs*.

57. Judith tirant le Sabre pour cou-

per la tête d'Holopherne. — Tableau sur cuivre.

Hauteur 12 p.

Largeur 8 p. 6 l.

RUYSDAAL (Jacques), *né à Harlem en 1640, mort en 1681.*

58. Vue de l'ancien Village d'Egmont sur Mer, près de Harlem, prise du haut des Dunes.

Ce Tableau, peint sur bois, porte la date de 1655.

Hauteur 18 p. 4 l.

Largeur 25 p. 4 l.

SART (Corneille du), *né à Harlem en 1665, mort en 1704, élève d'Adrien Van Ostade.*

59. Un Paysan accoudé sur une Table, tenant sa Pipe à la main; près de lui un Pot de bierre.

Ce Tableau est sur bois.

Hauteur 10 p.
Largeur 9 p.

---

60. SEGHERS. *Voy.* ZEGHERS.

STEEN (Jean), *né à Leyde en 1636, mort à Delft en 1689, élève de Van Goyen et de Brauwer.*

61. Jean Steen, ivre mort, porté sur un Brancard par ses compagnons de débauche.

Le Peintre a rappelé dans ce Tableau, une aventure qui lui était arrivée.

Hauteur 2 p. 3 p.
Largeur 3 p. 1 p. 6 l.

62. Jean Steen peint par lui-même, tenant d'une main sa Pipe encore fumante, et de l'autre un énorme Verre de vin sur lequel on lit cette devise : *Sine vino et venere nihil.*

Ce Tableau est peint sur toile.

Hauteur 2 p. 2 p.

Largeur 1 p. 10 p.

STORK (Abraham), *né à Amsterdam vers 1640, vivait en 1683.*

63. Vue intérieure de la ville de Roterdam.

Tableau sur toile.

Hauteur 17 p.

Largeur 10 p. 6 l.

TENIERS (David), *né à Anvers en 1610, mort à Bruxelles en 1694, élève de son père et d'Adrien Brauwer.*

64. Des Paysans dansant au son de la Vielle.

Ce Tableau est peint sur bois.

Hauteur 9 p. 6 l.

Largeur 12 p.

65. Un Intérieur de Chambre, où un jeune Homme et une jeune Femme font de la musique.

Ce Tableau, peint sur bois, porte la date de 1638.

Hauteur 15 p. 6 l.

Largeur 14 p.

Le chiffre est en partie effacé; on ne peut apercevoir distinctement que la lettre *D*. On l'a porté sous le nom de *Teniers*, sans oser garantir qu'il soit de ce Maître plutôt que de *David Rykaart*, dont on a peu vu de Tableaux.

TERBURG (Gérard), *né à Zwol en 1608, mort à Deventer en 1681, élève de son père.*

66 *et* 67. Deux Portraits à mi-corps.

Toile sur bois.

Hauteur 1 p. 7 p. 6 l.

Largeur 1 p. 2 p. 6 l.

VALKENBURG (Thierry), *né à Amsterdam en 1675, mort en 1721, élève de Jean Weenix.*

68. Un Lièvre, un Canard sauvage, des Perdrix et autres Oiseaux morts; des Ustensiles de chasse.

69. Un Chat tenant entre ses griffes un Chapon mort, un Coq et autres accessoires.

Le fond de ces deux Tableaux, peints sur toile, représente un Parc orné de Statues, Vases et Fabriques.

Ils portent la date de 1709.

Les Tableaux de *Valkenburg* sont rares et très-estimés.

Hauteur 3 p. 10 p.

Largeur 3 p. 1 p. 6 l.

VELDEN (Adrien Van de). *Voyez* KLOMP *et* ADRIEN VAN DER HEYDEN.

VELDEN (Isaïe Van de), *frère de Guillaume Van de Velden, le père, célèbre Dessinateur de Marines.*

70 *et* 71. Deux Paysages ornés de Fabriques, de Cascades et de Figurines.

Ces deux Tableaux, peints sur bois, portent la date de 1629.

Hauteur 6 pouces 3 l.

Largeur 8 p.

VELDEN (Guillaume Van de), *né à Amsterdam en 1633, mort à Londres en 1707, élève de Simon de Vlieger.*

72. Une Marine par un tems calme.

Peint sur toile.

Hauteur 14 p. 6 l.

Largeur 19 p. 6 l.

VERKOLIE (Nicolas), *né à Delft, en 1673, mort en 1746, élève de Jean Verkolie son père.*

73. L'Hiver. — Sujet allégorique.

Peint sur toile.

Hauteur 3 p. 2. p.

Largeur 5 p. 4 p.

VERSCHURING (Henri), *né à Gorkum en 1627, mort en 1690, élève de Jean Both.*

74. Une Bataille.

Ce Tableau est peint sur toile.

Hauteur 4 p. 1 p.

Largeur 3 p. 8 p.

VICTORS (Jean).

75. Joseph présentant son père Jacob à Pharaon.

Ce Tableau, peint sur toile, porte la date de 1652.

Hauteur 5 p.

Largeur 6 p. 3 p.

J. Victors n'est connu et apprécié que depuis un très-petit nombre d'années. Aucun Auteur n'ayant parlé de cet Artiste, on a, pendant très-longtems, attribué à d'autres l'honneur d'avoir fait ses Tableaux. Celui noté ci-dessus a été, quoique signé, vendu en 1749 à Amsterdam, sous le nom de *F. Bol*, à la Vente du Cabinet de M. *David Jefswaart*, dans lequel il se trouvait. On eut même soin d'observer qu'il égalait les Productions de *Rembrandt*. Le beau Morceau inscrit dans le Catalogue du Musée Napoléon, sous le N.° 221, et représentant *Jacob qui, aidé de Rebecca, surprend à son père la bénédiction due à son frère Esaü*, est évidemment de

Victors, et non de *Salomon Koninck*, que l'on a regardé jusque ici comme son Auteur. Les personnes qui compareront les deux Tableaux, ne pourront conserver aucun doute à cet égard.

Il a existé un *Victor*, désigné dans les Catalogues avec le prénom de *Jacob* ou *Jacques*, et qui peignait avec succès les Oiseaux dans le genre de *Hondekoeter*; il n'y est pas d'ailleurs distingué de *Victors*, Peintre d'histoire et de genre; mais on y fait mention d'un autre Peintre sous le nom de *Louw Fictor*. Le mot hollandais *Louw* signifiant *Janvier*, il serait possible que ce *Fictor* fût le même que celui qui a peint la jeune Fille occupée à fermer sa Fenêtre, de la Collection du Musée. Il signe en effet *Jan Fictoor* (1740). *Jan* peut également indiquer les prénoms, de *Jean* ou de *Janvier*.

On ne connaît point le *Victor* que M. Le Brun place au nombre des élèves de *Rubens*.

VLIET (Henri Van), *né vers 1585, élève de Guillaume Van Vliet, son oncle.*

76. L'intérieur de la grande Eglise de Delft.

Les Figures de ce Tableau, peint sur toile, sont de *Regnier Brakenburg.*

Hauteur 2 *p.*

Largeur 1 *p.* 8 *p.*

WATERLOO (Antoine), *Peintre et Graveur de Paysages, né à Utrecht.*

77. La vue d'un Château de la province d'Utrecht.

Les Figures de ce Tableau, peint sur toile, sont de *Lingelback.*

Hauteur 3 *p.* 4 *p.*

Largeur 5 *p.* 1 *p.*

Waterloo est plus connu par ses Gravures à l'eau forte que par ses Tableaux, qui sont de la plus grande rareté.

WERFF (le Chevalier Adrien Van der), *né à Kralinguer Ambach, près Rotterdam, en* 1659, *mort dans la même ville en* 1722, *élève d'Eglon Van der Neer.*

78. Portrait d'une Femme assise au

pied d'une Colonne, à l'entrée d'un Jardin.

Ce Tableau, sur toile, porte la date de 1695. Il est cité par *Descamps*.

Hauteur 18 p.

Largeur 15 p.

79. Van der Werff peint par lui-même dans sa jeunesse.

Hauteur 2 p. 4 p.

Largeur 1 p. 11 p.

Ce Tableau, de forme ovale, est peint sur toile. Il provient de Kalinguer Amback, où il avait été conservé dans la famille du Peintre.

WIT (Jacques de), *né à Amsterdam en 1695, mort en 1754, élève de Van Hall.*

80. L'Adoration des Bergers.

Tableau sur bois.

Hauteur 24 p.

Largeur 18 p.

Il faut que M. Le Brun ait attribué

à un autre Peintre du nom de *De Witt*, nombre de Tableaux de chevalet exécutés par celui dont nous offrons une Composition faite dans le goût de celles de *Rembrandt*, sans cela il n'eût pas mis, en quelque sorte, en doute s'il avait peint de petits Tableaux. Lors de la Vente du Cabinet de cet Artiste, faite un an après sa mort, en 1755, sur 24 Tableaux sortis de son pinceau, qui s'y trouvaient, indépendamment d'un grand nombre de Bas-reliefs, plusieurs avaient moins d'un pied de proportion. On y vendit entr'autres sous le N.° 29, la répétition en petit (1 pied 1 pouce sur 2 pieds 10 pouces), du grand Tableau gravé dans l'Ouvrage de M. Le-Brun, et qui orne la Salle du Conseil de la Régence d'Amsterdam. Ce Tableau, une des plus grandes Compositions connues, à 45 pieds sur 19.

WOUVERMANS (Pierre).

81. Un Rendez-vous de chasse.

Peint sur toile.

Hauteur 14 p.

Largeur 18 p.

WYCK (Thom.), *Peintre de genre.*

82. Un Intérieur de chambre, où une Femme s'occupe à coudre, ayant à ses côtés ses deux Enfans.

Hauteur 20 p. 6 l.
Largeur 16 p.

Ce Tableau, qui offre la réunion d'un grand nombre de détails, est peint sur bois.

WINANTZ (Jean), *né à Harlem vers 1600, mort en 1670.*

83. Un Paysage. A gauche un énorme Tronc d'arbre; derrière, une Chaumière; sur le devant, un Chien qui pisse.

Hauteur 18 p. 3 l.
Largeur 15 p. 8 l.

Ce Tableau, peint sur bois, a été vendu à Delft, sous le nom de *Paul Potter*. On a cru devoir attribuer plutôt le Paysage à *Winantz*, mais il est vraisemblable que le Chien est effectivement peint par *Potter*.

ZAFT LEVEN (Corneille), *Peintre de genre et imitateur de Paul Potter.*

84. Allégorie. — La descente de Don Quichotte aux Enfers.

Ce Tableau, sur bois, porte la date de 1652.

Hauteur 17 p. 3 l.

Largeur 21 p. 6 l.

ZEGHERS (le père Daniel), *né à Anvers en 1589, mort dans la même ville en 1651, élève de Van Balen.*

60. Un Cartouche orné de Fleurs, au milieu duquel *Rottenhamer* a représenté l'*Annonciation.*

Ce Tableau est peint sur cuivre.

Hauteur 2 p. 9 p.

Largeur 2 p. 1 p.

ZORG (Henri-Martin Rokes, surnommé), *élève de Teniers, né à Roterdam en 1621, mort en 1682.*

85. L'intérieur d'une Maison de Pay-

sans. Ils mangent, fument et se réjouissent.

Hauteur 13 p.

Largeur 17 p. 6 l.

Ce Tableau, peint sur bois, provient du Cabinet de M. d'*Acosta*, à la vente duquel il fut placé, en 1764, sous le N.° 68.

---

86. Scène de nuit. — Des Charlatans, sur un Théâtre éclairé par une Torche que tient un Enfant. Le fond représente une Vue de Rome.

Hauteur 13 p.

Largeur 15 p. 6 l.

On ignore l'Auteur de ce Tableau, peint sur bois. Il est marqué des lettres *V. V.*

RELEVÉ

De quelques Erreurs et Omissions dans la Table alphabétique qui fait suite au magnifique Ouvrage de M. Le Brun.

BACKER. — M. *Le Brun* cite quatre Peintres de ce nom ; le premier et le dernier sont vraisemblablement le même.

BAERSTRAT (N.). — On ne connaît pas ce Peintre ; c'est sans doute le même que *Beerestraten*, qui peignait en effet des Marines, et est gravé abusivement, tome 3, page 9, sous le nom de *Beextrate*.

BARENT ou BARENTSEN (Théodore Dietrich). — Le même que BARENTSEN (Thierry).

BROEKE (Chrispin Van den). — Le même que BROCK (Chrispin Van den).

BURG (Adrien Van der). — Répété à la lettre *V*.

BUNICK. — Le même que BUNNICK (Jean Van).

CONINCK (Salomon). — Le même que KONING (Salomon).

M. *Le Brun* indique cinq KONING ou CONINCK, *David*, *Jacques*, *Pierre*, et deux *Salomon*.

Les Catalogues hollandais n'en distinguent que trois : *Salomon*, *David* et *Philippe*.

Salomon est bien connu comme élève et imitateur de *Rembrandt*.

David peignait les Oiseaux et le Paysage.

Philippe, le Genre, le Portrait et le Paysage. C'est à ce dernier que l'on croit devoir attribuer le Tableau représentant Charles I.er, inscrit dans le Catalogue du Musée Napoléon, sous le N.° 220.

CORNELISZ ou CORNELLISSEN.

M. *Le Brun* cite huit Peintres de ce nom, non compris *Engelbrechts* (Cornelis), désigné à la lettre *E*, et *Haerlem* (Corneille de), à la lettre *H*.

Sans entrer dans une discussion qui serait ici fort superflue, on observera que *Corneliszٍ* ou *Cornelissen* (Jacq.), et *Cornelisz* (Jacques) cité plus bas, sont vraisemblablement le même;

Que *Cornelisz* (Luc), est aussi le même que *Kunst* (Corneille), porté à la lettre *K*.

La lettre *Z* qui termine ces noms, est employée par abréviation pour *Zoon Van*, fils de.... — Etant quelquefois supprimée, il est facile de tomber dans des méprises. Au reste, elles sont ici bien peu importantes; le seul de ces Peintres dont on trouve encore des Tableaux dans les Cabinets, est *Corneille* dit de *Haerlem*. La Collection de *LL. HH. PP.*, à La Haye, renferme de beaux morceaux de ce Peintre, entre autres *Adam et Eve*, gravé par *Saerendam*.

CUYLENBURG. — Désigné de nouveau sous le nom de *Kulembourg*.

DOES (Jacques Van der). — M. *Le Brun* cite trois Peintres du nom de *Jacques* ou *Jacob*. — On n'en distingue ordinairement que deux, le père et le fils. *Jacques* se traduit en hollandais par *Jacob* ; ainsi *Jacques Van der Jacobz*, est JACQUES, fils de JACQUES.

DUSART. — Répété à la lettre *S*.

DYCK (Antoine Van). — Inscrit également à la lettre *V*, *Van Dyck* ainsi que *Philippe Van Dick*.

EVERDINGEN (César Van et Jean Van), doivent être le même, malgré la différence de prénom ; ou bien il y a erreur dans l'indication de la naissance et de la mort.

GUERARD (de St-Jean). — Répété sous le nom de *Haerlem* (Geertge).

HOOGSTRAETEN (Thierry Van.) — Le même que *Hoogstraeten* (Théodore Van).

Dirck, en français *Thierry*, se traduit aussi par *Théodore*.

HOROS (G.) — Le même que *Horst*.

HUYSUM. — On croit qu'il n'a existé que trois *Van Huysum* : *Juste*, *Jean* et *Jacques*.

KABEL. — Rappelé sous le nom de *Van der Kabel*.

KOETS (Rolof). — Désigné à la lettre *R*, sous le nom de *Roelof* (Koëts).

HAYE (de la). — Répété deux fois à la lettre *L*.

LIEMAKER (Nicolas de), surnommé *Roos*. — Répété à la lettre *R*.

LIÉVENS (Jean). — Rappelé plus bas, ainsi écrit : *Livens* (Jean).

MAAS (Dirck). — Le même que *Maes* (Thierry).

MANDER (Charles Van). — Cité de nouveau, à la lettre *V*.

MARCELLIS (Otho). — Le même que *Marseus* (Otte), désigné plus bas.

MATHSYS (Quintin).
MATHSYS (Jean). } Les mêmes que ceux écrits *Messis* (Quintin et Jean).

MEYTENS (Daniel). — Ecrit plus bas *Mytens* et *Mytens* (N.).

On distingue dans les Catalogues trois *Mytens* (Arnold ou le vieux, Daniel et Jean). *Daniel* est celui qui a peint Charles 1.er, roi d'Angleterre.

POEL (Albert Van der). } On ne con-
POEL (Van der). }
naît qu'un Peintre du nom de *Van der Poel*, celui désigné comme Peintre d'Incendies; il s'appelait *Egbert*, d'où l'on peut avoir fait *Albert*, nom donné au premier désigné.

SOMEREN. — Répété à la lettre *V* (Van Someren).

TILBORGH (Gilles Van) et TILBURG (Ægidius Van) doivent être le même. *Ægidius* se traduit par *Gilles* en français.

VALCKENBURG, élève de *Weenix*. C'est le même que celui cité immédiatement après VALKENBURG (Thierry).

VAN DER VENNE. — Désigné plus bas sous le nom de VENNE (Van der).

VAN LOO.
VAN LOO.

On ne connaît que *Jacques Van Loo*; les autres appartiennent à l'Ecole française.

VICTORS. *Voyez le* N.° 75 *de la Notice.*

WINGHE (Jodocus de).—Rappelé plus bas sous le nom de WINGHEN (Joseph Van).

WITT (Jacques de). *Voyez la Notice* N.° 80.

WITHOOS (Pierre). — Indiqué plus bas sous le même nom.

OMISSIONS.

CODDE (Pierre). — A peint des Corps de garde et des Conversations dans le genre de *Le Duc*.

DOUW (le Chevalier Simon Van). — A peint des Batailles.

DUYNEN (Jean Van). — Peintre de Poissons.

GRIFFIER (Robert). — Habile Paysagiste.

LELIENBERG (Jean Van). — A peint avec succès les Oiseaux morts.

MOELENAER (Klaas ou Nicolas). — A peint des Hivers et le Paysage.

MOELENAER (Jean Miense). — A peint dans le genre d'*Ostade* et de *Teniers*.

MOMMERS. — Paysagiste.

ERRATUM.

Page 12, Numéro 22 :

HEYDEN (Jean Van der),

lisez :

HEYDEN (Adrien Van der).

www.ingramcontent.com/pod-product-compliance
Ingram Content Group UK Ltd.
Pitfield, Milton Keynes, MK11 3LW, UK
UKHW021819190726
13853UKWH00003B/1057